# BEI GRIN MACHT SICH IHR WISSEN BEZAHLT

**Bibliografische Information der Deutschen Nationalbibliothek:**

Die Deutsche Bibliothek verzeichnet diese Publikation in der Deutschen National-
bibliografie; detaillierte bibliografische Daten sind im Internet über http://dnb.d-
nb.de/ abrufbar.

**Impressum:**

Copyright © 2015 GRIN Verlag, Open Publishing GmbH
Druck und Bindung: Books on Demand GmbH, Norderstedt Germany
ISBN: 9783656904472

**Dieses Buch bei GRIN:**

http://www.grin.com/de/e-book/293228/wagen-und-kutschenhersteller-in-pest-
buda-und-budapest-1756-1928

Hermann Baum

# Wagen- und Kutschenhersteller in Pest, Buda und Budapest (1756 - 1928)

## Zur Geschichte der Familien Felner, Müller und Kölber

GRIN Verlag

**GRIN - Your knowledge has value**

Der GRIN Verlag publiziert seit 1998 wissenschaftliche Arbeiten von Studenten, Hochschullehrern und anderen Akademikern als eBook und gedrucktes Buch. Die Verlagswebsite www.grin.com ist die ideale Plattform zur Veröffentlichung von Hausarbeiten, Abschlussarbeiten, wissenschaftlichen Aufsätzen, Dissertationen und Fachbüchern.

Hermann Baum


# Wagen- und Kutschenhersteller in Pest, Buda und Budapest (1756 – 1928)
## Zur Geschichte der Familien Felner, Müller und Kölber


### Kocsi- és hintógyártók Pesten, Budán és Budapesten (1756 – 1928)
### Toldalékok a Felner, Müller és Kölber családok történetéhez
Röviditett szöveg forditása: Baum Alice

Familiengeschichten sind immer auch Teil von Ortsgeschichten. In manchen Fällen sind sie es sogar in besonderem Maße – das gilt auch für die Familien Felner, Kölber und Müller, die einen wichtigen Beitrag geleistet haben für die wirtschaftliche Entwicklung der Städte Pest und Buda, später Budapests. Die folgende kurze Darstellung hat zwei Ziele: a) die Rückverfolgung der Familien in die Orte und Länder, aus denen sie einst nach Budapest kamen und b) die Komplettierung und Korrektur der bereits bekannten, aber lückenhaften (z.T. auch falschen) Stammbäume mit Daten aus der Zeit in Ungarn.

Die drei Familien sind durch Einheiraten miteinander verwandt, wobei mit hoher Wahrscheinlichkeit die ausgeübten Berufe (Sattler, Wagner, Kutschenhersteller) eine maßgebliche Rolle gespielt haben:

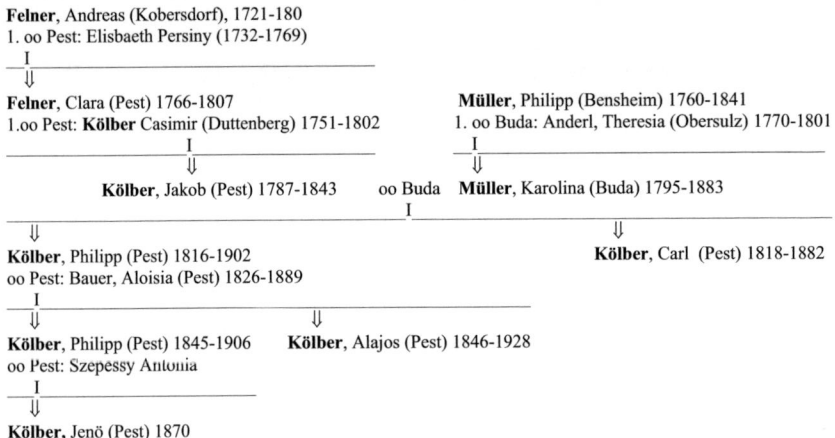

**Felner**, Andreas (Kobersdorf), 1721-180
1. oo Pest: Elisbaeth Persiny (1732-1769)
  I
⇓

**Felner**, Clara (Pest) 1766-1807                  **Müller**, Philipp (Bensheim) 1760-1841
1.oo Pest: **Kölber** Casimir (Duttenberg) 1751-1802    1. oo Buda: Anderl, Theresia (Obersulz) 1770-1801
          I                            I
         ⇓                            ⇓

      **Kölber**, Jakob (Pest) 1787-1843    oo Buda  **Müller**, Karolina (Buda) 1795-1883
                          I

⇓                                     ⇓
**Kölber**, Philipp (Pest) 1816-1902                  **Kölber**, Carl  (Pest) 1818-1882
oo Pest: Bauer, Aloisia (Pest) 1826-1889
  I
 ⇓                       ⇓
**Kölber**, Philipp (Pest) 1845-1906    **Kölber**, Alajos (Pest) 1846-1928
oo Pest: Szepessy Antonia
  I
 ⇓
**Kölber**, Jenö (Pest) 1870

## 1. Felner (Fellner, auch Fehlner)

Um das Jahr 1705 heiraten in Kobersdorf (Kabold), nahe Sopron, **Martin** Felner und Apollonia N.. Der Ort gehörte damals (und bis 1920/21) zu Ungarn, heute zu Niederösterreich (Burgenland). Martin ist der einzige Felner, der im Rahmen der Volkszählungen der Jahre 1715 und 1720 in Kobersdorf erwähnt wird. Es ist nicht bekannt, welchen Beruf er ausübte. Aber die Wahrscheinlichkeit ist groß, daß er ein Wagner (Stellmacher) war. Es ist nämlich zu vermuten, daß die drei zwischen 1708 und 1721 geborenen Felner-Knaben seine Söhne waren, und alle drei waren Wagner:

- **Lorenz**, ein Wagner, geb. 1708, wanderte nach Visegrad aus, wo er am 10.6.1732 die Witwe Theresia Hanis heiratete. 1751 saß er im Stadtrat; später fungierte er auch als Richter in Visegrad.

- **Josephus**, ein Wagner, blieb in Kobersdorf, wo er 1782 starb. Sein Geburtsjahr ist nicht bekannt. Sein Sohn Joannes, ein Wagner, wird nach Pest gehen.

- **Andreas**, 1721 geboren (laut Sterbeeintrag im Jahre 1800 wurde er 79 Jahre alt), verläßt um 1750 Kobersdorf. Auch er hat den Beruf des Wagners erlernt und begibt sich auf Wanderschaft, landet in Pest. Hier heiratet er 1754 / 1755 Elisabeth Pestiny (1732-20.3.1769), die Witwe des 1754 verstorbenen Joannes Bayer, der in der Holzverarbeitung tätig (magister lignarius) gewesen war. Sicherlich eine wirtschaftlich interessante Ehe, da für die Wagenherstellung vor allem auch Holz benötigt wurde. Am 7.12.1756 erhält Andreas Felner das Bürgerrecht der Stadt Pest. Das Ehepaar hat zehn Kinder: Nach dem Tode seiner ersten Frau heiratete Andreas Felner 1769 ein zweites Mal: Eva von Forstinger (aus einer angesehenen Pester Familie), verwitwete Clobenstein (*1723 – Pest 9.4.1798).
1791 war Andreas Felner Geschworener in der Josephstadt. 1800 stirbt er – wie bereits gesagt - im Alter von 79 Jahren. Sein Testament (vom 9.12.1796) ist erhalten geblieben und belegt, daß nur drei seiner Kinder ihn überlebt haben.

1758 wird **Joseph**, ein Sohn von Andreas Felner, geboren. Er tritt in die Fußstapfen seines Vaters und wird Wagenbauer (rotarius). Am 7.5.1783 erwirbt er das Bürgerrecht von Pest.

1763 wird **Benedikt**, ein weiterer Sohn von Andreas Felner, geboren. Er schlägt eine Laufbahn in der städtischen Verwaltung ein und wird in der Pester Geschichte eine wichtige Rolle spielen, u.a. Senator und Stadthauptmann (1813-1818), schließlich Bürgermeister (1819-1827) sein. Am 10.12.1824 wird er in den Adelsstand erhoben; drei Jahre später stirbt er und wird in der Krypta der Kirche von Pest Belvaros beigesetzt.

1766 wird **Anna Clara**, eine Tochter von Andreas Felner, geboren. Am 7.8.1786 heiratet sie Casimirus Kölber, einen Sattler aus Duttenberg (Württemberg), (s.u.). Mit Casimir Kölber beginnt die Geschichte der Kölber-Kutschen in Pest (Budapest). Nach seinem Tode schließt Anna Clara eine zweite Ehe mit Sebastian Porst, einem Sattlermeister aus Straubing, dessen Nachkommen ebenfalls eine Kutschenfabrik gründen werden.

Ein weiterer Wagnermeister, **Joannes** Felner, um 1743 in Kobersdorf geboren, Sohn von Joseph Felner (s.o.), erhält am 21.7.1770 das Bürgerrecht von Pest. Er wird der katholischen Kirche ein in Ferencvaros gelegenes Grundstück (heutiger Bakáts-tér, bis 1776 Fellner Janos telke) schenken mit der Verpflichtung, dort u.a. eine Kirche zu bauen. (1) Der Bau der Kirche (1822) wurde vom Bürgermeister Benedikt Felner überwacht. In der Donau-Überschwemmungskatastrophe des Jahres 1838 wurde eben diese Kirche dann leider ein Opfer der Fluten.

# Felner (auch Fellner oder Fehlner)

Martin
* ca 1680-1685 Kobersdorf - + nach 1720
oo bis 1707 N. Appolonia (* ca 1687 - +1.11.1756 Kobersdorf)

| ⇓ | ⇓ | ⇓ |
|---|---|---|
| Lorenz | Joseph | Andreas |
| *1708 Kobersdorf | *? Kobersdorf | * 1721 Kobersdorf |
| + ? Visegrad | + 1782 Kobersdorf | + 10.9.1800 Pest |
| Wagner | Wagner | Wagner |
| | | 1. oo ca 1754/55 Pest: Pestiny, Elisabeth (verw. Bayer) |

| ⇓ | ⇓ | ⇓ | ⇓ |
|---|---|---|---|
| Joannes | Joseph | Benedikt | Anna Clara |
| * 1743 Kabold | 4.3.1758 | *20.10.1763 | *26.6.1766 |
| + 1798 Pest | * nach 1800 | + 10.6.1827 | + 21.5.1807 |
| Wagner | Wagner | | 1.oo 7.8.1786 **Kölber** Casimir |
| | | | 2.oo 12.7.1802 **Porst** Sebastian |

Eine Generation nach Andreas Felner machen sich zwei junge Männer aus deutschen Landen in etwa um dieselbe Zeit (kurz nach 1780) auf die Wanderschaft. Ihr Ziel wird Pest bzw. Buda sein: Casimir Kölber aus Duttenberg (Württemberg)) und Philipp Müller aus Bensheim (damals Kurmainz, heute Hessen). Beide haben den Sattler-Beruf erlernt und beide werden in Pest beziehungsweise in Buda als Wagen- und Kutschenhersteller Erfolg haben. Ein Sohn von Casimir Kölber und eine Tochter von Philipp Müller werden heiraten.

4

## 2. Kölber (auch Kälber, Kelber)

Kölbers stammen *nicht* aus Turnberg oder Dornberg bei Würzburg wie es im Verzeichnis der Bürger von Pest (Maschinen-Skript, BFL) steht: einer der zahlreichen Fehler in diesem Verzeichnis. Wie aus den Ratsprotokollen von Pest eindeutig und klar hervorgeht, kommen sie aus Duttenberg in Württemberg. Der Eintrag im Protokoll der Rats-Sitzung am 1.5.1784 lautet: „Casimirus Kölber ex imperio possessione Tuttenberg, ephipiarus, als Bürger angenommen." (2) In den Kirchenbüchern von Duttenberg und umgebenden Ortschaften findet man denn auch die Vorfahren.

Die Geschichte der Familie Kölber (Kelber, Kälber) läßt sich weit zurückverfolgen. Der erste bekannte Vorfahr, **Hans** Kelber, ist Bürger im pfälzischen Neckarburken (Jagstkreis, Württemberg). Er muß zwischen 1590 und 1600 geboren sein, vielleicht sogar noch vor 1590; verheiratet war er mit Margaretha N.. Hans und Margaretha Kölber werden namentlich erwähnt bei der Trauung ihres Sohnes Michael:

**Michael** Kälber (geb. circa 1620/1625, vermutlich in Neckarburken), heiratete am 6.2.1646 Maria Salome Müller, getauft am 12.9.1627 in Gundelsheim. Ihr Vater, Hans Müller, ist Schulrektor in Offenau; ihre Mutter heißt Barbara Ritter (ihre Vorfahren lassen sich durch Dokumente des Deutschherren-Ordens in Hechingen und durch ein Zinsbuch der Stadt Gundelssheim zurückverfolgen bis ca 1530). Drei Töchter und drei Söhne des Michael Kelber sind bekannt, darunter Mathäus.

**Mathäus** Kälber (geb. ca 1655/60 wahrscheinlich in Duttenberg) heiratete am 24.2.1686 Eva Maria Elisabeth Erasmus. Ihr Vater, Bartholomäus Erasmus, ist Präfekt des Deutschen Ordens in Weingarten und Kürnbach, verheiratet mit Anna N.. Aus dieser Heirat darf geschlossen werden, daß die Familie Kölber in Duttenberg und Umgebung angesehen war

**Johann Georg** Kälber, ein Sohn von Mathäus Kälber, wurde am 21.3.1688 in Duttenberg geboren und heiratete am 19.5.1722 Barbara Hartmann, die am 6.3.1688 geboren wurde und aus Untergriesheim stammt (ihre Eltern sind der Amtmann Johann Hartmann und Anna Margaretha Götz).

**Thomas Johannes** Kälber, Sohn von Johann Georg Kälber, wurde am 19.12.1723 geboren und heiratete am 26.2.1748 Benedicta Gress (geb. am 21.3.1724, Eltern: Johann Michael Gress und Maria Catharina Streeb aus Binswangen). Zwei Söhne wurden geboren, Casimir und Thomas.

Es ist **Casimir** Kälber (1751-1802), der ältere Sohn, der um 1780 aus Duttenberg auswandert und nach Ungarn kommt. Am 1.7.1784 erhält er in Pest das Bürgerrecht. Er war Sattlermeister. Am 7.8.1786 heiratete er Clara Felner, die Tochter des Wagners Andreas Felner (s.o.). Sein Testament (vom 29.3.1795) ist erhalten geblieben.

**Jakob** Kölber (1787-1843), das älteste Kind Casimir Kölbers, wurde ebenfalls Sattlermeister, erweiterte die Werkstatt aber zu einer Kutschenfabrik. Am 1.11.1815 heiratete er Karolina Müller, Tochter von Philipp Müller, der 30 Jahre zuvor in Buda eine Wagenfabrik aufgebaut hatte (s.u.). Möglicherweise arbeitete Jakob Kölber zunächst bei seinem späteren Schwiegervater. Mit Jakob Kölber beginnt der Aufstieg der Firma: sie wird die führende Kutschenfabrik in Ungarn werden. Jakob und Karolina Kölber haben acht Kinder.

**Philipp** und **Karl,** die zwei Ältesten, führten das Werk ihres Vaters fort und weiteten es aus; jetzt wurde sogar der Hochadel beliefert. Die Firma lief unter dem Namen „Kölber testverék".

Die Belegschaft wuchs im Lauf der Jahre beträchtlich an; sämtliche für die Kutschenherstellung erforderlichen Gewerke waren unter einem Dach vereint: eine Entwicklung, die vielleicht schon Jakob Kölber bei seinem Schwiegervater (Philipp Müller) abgeschaut hatte. Fülöp Kölber heiratete Aloisia Bauer, mit der er zehn Kinder hatte. Am 8.7.1887 erhält er den Adelsbrief (Kölber-Pakai) für sich und seine Familie.

Aloisia Kölber (1820-1902), eine Tochter von Jakob Kölber, heiratete am 11.8.1845 Johannes Kauser. (3)

Zwei Söhne von Philipp Kölber senior, **Philipp junior** und **Alajos**, setzen die Tradition der Kutschenherstellung fort, aber die Kölbersche Fabrik hat ihre Glanzzeit hinter sich. Die beiden Brüder nehmen zu spät wahr, daß nicht die Kutsche, sondern das Automobil das Fortbewegungsmittel der Zukunft ist. Das ändert sich auch nicht mit **Jenö**, einem Sohn Philipp Kölbers jun. Die Kutschenproduktion wurde schließlich gänzlich eingestellt. Das Werk produzierte nur noch Auto-Karosserien. Ein Versuch, auf die Herstellung von Flugzeugen umzustellen, scheiterte. 1928 kam das endgültige Aus.

Ausführliche Darstellungen der Geschichte der Kölber-Kutschen existieren bereits. So wird an dieser Stelle auf eine Wiederholung verzichtet. Kölber-Kutschen finden sich heute in ungarischen, aber auch in mehreren europäischen Museen.

**Kölber (ursprünglich Kälber oder auch Kelber)**

Hans  (Beruf unbekannt)
* ca 1590 / 1600 Neckarburken
oo ca 1620 N. Margaretha

⇓

Michael  (Beruf unbekannt)
* ca 1620/25 Neckarburken - + vor 24.2.1686
oo 6.2.1646 Duttenberg: Müller, Salome
                    *12.9.16127 Offenau

⇓

Matthäus  (Beruf unbekannt)
* ca 1655 / 1660 - + 26.2.1730 Duttenberg
oo 24.2.1686 Duttenberg: Erasmus, Eva Maria Elisabeth
                    * ? Weingarten  - + 31.3.1700 Duttenberg

⇓

Johann Georg  (Beruf unbekannt)
*21.3.1688 Duttenberg
oo 19.5.1722 Duttenberg: Hartmann, Barbara
                    * 6.3.1688 Untergriesheim

⇓

Thomas  (Beruf unbekannt)
* 19.12.11723 Duttenberg - + 25.3.1773 Duttenberg
oo 26.2.1748 Gress, Benedicta
              *? - +21.3.1724

⇓

Casimirus  (Sattler und Kutschenhersteller)
* 1.3.1751 Duttenberg - + 23.4.1802 Pest
oo Pest 7.8.1786 Felner, Anna Clara
              *26.6.1766 Pest - +21.5.1807 Pest

⇓

Jakob  (Sattler und Kutschenhersteller)
* 15.6.1787 Pest - + 7.9.1843  Pest
oo Buda 1.1.1815  Müller, Karolina
              * 16.4.1795 Buda - + 30.6.1883 Pest

| ⇓ | ⇓ |
|---|---|
| Philipp  (Kutschenhersteller)<br>* 3.10 1816 - +24.5.1902<br>oo Pest: Bauer, Aloisia<br>    *23.6.1826 - +8.5.1889 | Carl  (Kutschenhersteller)<br>* 9.1.1818 - + 19.4.1882 |

  I
⇓                 ⇓

Philipp  (Kutschenhersteller)         Alajos  (Kutschenhersteller)
* 28.8.1845 - +15.12.1906          *11.11.1846 -  +12.12.1928
oo 8.12.1869 Pest: Szepessy Antonia
              *4.6.1850 – 5.3.1920

  I
⇓

Jenö  (Kutschenhersteller)
*12.7.1870

# 3. Müller

Die Familie Müller stammt aus Bensheim in Hessen (früher Kurmainz bzw. Hessen-Darmstadt), nicht aus Bayern (s.u.). Die Müllers sind im Leder verarbeitenden Handwerk tätig: Der älteste bekannte Vorfahr, Franciscus Müller, ist coriarius (Gerber), sein Sohn Bernard wie auch sein Enkel Philipp sind Sattler. Noch heute kann man in Bensheim die Alte Gerberei besichtigen, ein Gebäude, das 1873 vom Rotgerber Philipp Franz Müller errichtet worden ist und bis 1915 in Betrieb war.

Philipp Müller wurde am 21.11.1760 in Bensheim (4) geboren (getauft). Der exakte Nachweis dafür läßt sich erbringen: Am 31.10.1791 erhält Philipp Müller das Bürgerrecht von Buda. Im Ratsprotokoll (Sitzung vom 31.10.1791) steht dazu völlig eindeutig, daß er aus Bensheim stammt. Die entscheidende Stelle des Eintrags unter der Nr.2363 lautet: „Philippus Müller hujatis Rotariae Fabricae Director.... ex imperio a loco Benshenis oriundus" (5)

Im Kirchenbuch von Bensheim (und Heppenheim) finden sich sein Taufeintrag und Angaben zu seinen Vorfahren.

Philipp Müller (1760-1841) wandert wohl um 1780 aus und kommt – höchstwahrscheinlich über Wien - nach Buda. Noch vor dem 25. Mai 1786 gründet er in Krisztinavaros eine privilegierte Wagenfabrik. Die Fabrik ist im Haus 225 in Krisztinavaros untergebracht (6), in dem Philipp Müller auch mit seiner Familie wohnt; ein Haus, das in der heutigen Attila-út lag. Er betrieb eine heterogene Manufaktur (mit unterschiedlichen Handwerkmeistern) (7) und führte technische Neuerungen ein, die zur Sicherheit der Fahrzeuge beitrugen; so z.B. die von Machay erfundene Kutschenbremse. (8) Beides garantierte eine hohe Qualität der von ihm produzierten Kutschen. (9) Seit dem 23.1.1796 bestand eine vertraglich vereinbarte Zusammenarbeit mit einer Kutschenfabrik in Pozsony (Bratislawa). (10) Die Müllerschen Kutschen hatten in ganz Ungarn einen ausgezeichneten Ruf und müssen aus eben diesem Grund einen sehr guten Absatz gehabt haben.

Philipp Müller war dreimal verheiratet.
- die erste Ehefrau ist Theresia Anderl (s.u.). Diese Ehe wurde am 24.2.1789 in Buda (Schloßkirche von Budavar) geschlossen. Neun Kinder wurden geboren, darunter Theresia, Francisca und Carolina (s.u.). Theresia Müller, geb. Anderl, starb am 15.8.1801 in Krisztinavaros (Sterbeeintrag Budavar, St. Sigismund).
- Am 25.4.1802 heiratete Philipp Müller ein zweites Mal: Julianna Altser. In dieser Ehe wurden drei Kinder geboren, darunter auch Bernat (*1.5.1810 - +3.3.1901). Am 15.4.1816 stirbt Philipp Müllers zweite Ehefrau.
- Am 20.8.1817 heiratet Philipp Müller ein drittes Mal: die Witwe Aloisia Kollisko (aus Taban). Diese dritte Ehe blieb kinderlos.

Da **Bernat** Müller, der einzige Sohn Philipp Müllers, die Kutschenfabrik seines Vaters nicht weiterführen wollte, sondern Apotheker wurde, verkaufte Philipp Müller 1838 seine Fabrik an Michael Schnap(p), einen Kutschenhersteller aus Fischament (Niederösterreich), der am 12.5.1837 das Bürgerrecht erhalten hatte. (11) Philipp Müller saß im Stadtrat von Buda (1816) und fungierte (1820) als Richter (biro) in Kristinavaros. (12) Er stirbt mit über 80 Jahren am 6.2.1841 (Datum der Beerdigung) in Kristinavaros. Sein Testament (aufgesetzt am 30.7.1831) ist erhalten geblieben und belegt, daß er nicht nur ein wohlhabender, sondern auch ein sehr angesehener Bürger Budas war.

**Theresia**, Philipp Müllers älteste Tochter, heiratete den Kaufmann Joseph Semmelweis. Ihr Sohn, der Arzt Ignaz Semmelweis, wurde Dank der von ihm eingeführten Hygienemaßnahmen der weltberühmte „Retter der Mütter". (13)

Die Tochter **Francisca** heiratete Nikolaus Koller, einen Sattler, der aus Heppenheim stammte, der Heimat von Philipp Müller. In Wien gründete Nikolaus Koller eine später berühmte Kutschenfabrik; Philipp Kölber senior hat seine Ausbildung u.a. bei ihm, seinem Onkel, gemacht.

Eine andere Tochter, **Karolina**, heiratete den Kutschenfabrikanten Jakob Kölber in Pest (s.o.).

# Müller

Franciscus
* ca 1705  Gerber  (coriarius) in Bensheim
oo ca 1730 N. Anna Margaretha
      * ca 1715

---

⇓

Müller Bernard
*27.11.1733 Bensheim; Sattler
2. oo 25.11.1759 in Heppenheim Knapp Margaretha
      * 13.1.1740 Heppenheim
      + vor 3.7.1768  (3.oo von Bernard Müller)

---

⇓

Philipp
* 21.11.1760 Bensheim, Sattler und Kutschenfabrikant
+ 6.2.1841 Buda (Krisztinavaros)
1. oo 24.2.1789 Buda (Budavar, St. Sigismund): Anderl Theresia
      * 11.2.1770 Obersulz
      + 15.8.1801 Buda

---

| ⇓ | ⇓ | ⇓ |
|---|---|---|
| Theresia | Francisca | Karolina |
| * 27.8.1789 | * 1.2.1793 | * 16.4.1795 |
| + 26.3.1844 | + vor 1831 (Wien) | + 30.6.1883 |
| oo 1.7.1810 | oo 21.8.1814 | oo 1.11.1815 |
| Semmelweis, Joseph | Koller, Nikolaus | Kölber, Jakob |
|  | Kutschenhersteller | Kutschenhersteller |

# Anmerkungen

1. Kurtz, Vilmos: A Budapest-Ferencvárosi római kath. Plébánia templom. Pesti könyvnyomda, Budapest 1879; die Angaben von Kurtz konnten vom Autor nicht überprüft werden.
2. Zwei weitere Ratsprotokolle erwähnen Thomas, den in Duttenberg gebliebenen, aber verstorbenen Bruder Casimir Kölbers. Es geht um die Erbschaft. **Ratsprotokoll vom 3.10.**1791: „Unter heutigem Datum wird das Löbl. Amt des Hohen Deutschen Ritterordens zu Haichlingen ersuchet für den hiesigen Bürger und Sattlermeister Casimir Kölber den ihm nach dem Tod seines Bruders Thomas Kölber zugefallenen Erbantheil sowohl als auch ein Inventur in Abschrift anhero überweisen zu wollen."
**Ratsprotokoll vom 2.11.1791:** „Das Löbl. Hochfürstlich Hoch- und Deutschmeisterliche Oberamt zu Heichlingen erwidert unterm 21.10. lf. Jahres, daß selbes, sobald die noch ausstehenden Kaufschillings-Gelder von ihr versteigerten Thomas Kölberschen Verlassenschaft zu Duttenberg gänzlichen eingehoben sein wird, auch die ganze seinem Bruder Kasimir Kölber zukommende Erbschaft selbst deren Betrag anhero zugesendet werden wird, nur seie inzwischen Nachricht zu ertheilen, ob der Betrag derselben mittelst der Post baar, oder durch Wechsel anhero übermacht werden sol. Casimir Kölber ist daher zu verstähndigen, welcher seine Erklärung ehestens einzureichen haben wird."
3. Auch die Familie Kauser, die für die Baugeschichte Budapests bedeutende Architekten hervorgebracht hat, würde mehr Aufmerksamkeit verdienen. Bereits existierende Veröffentlichungen sind – gerade, was die frühen Jahre angeht – lückenhaft und zum Teil hoffnungslos falsch, reines Phantasieprodukt. Die Geschichte der Familie Kauser läßt sich an Hand von Dokumenten bis 1620 zurückverfolgen.
4. Bensheim gehörte von 1650 bis 1803 zu Kurmainz, ab 1803 zu Hessen-Darmstadt, heute zu Hessen.
5. Im Bürgerbuch und im gedruckten Verzeichnis der Personen, die in Buda das Bürgerrecht erhalten haben, wurde ein fataler Fehler begangen: aus Bensheim, das in Hessen liegt, wurde aus völlig unverständlichen Gründen Beyhemio = Beikheim in Bayern gemacht.
6. An diesem Tage ist Philipp Müller, gemeinsam mit Jacobus Anderl, in der Schloßkirche von Budavar Trauzeuge für Anton Langer. Im Kirchenbucheintrag steht u.a. auch ein wichtiger Hinweis zur Wagenfabrik.
Der entscheidende Text lautet: „Am 25.5.1786 wurde getraut Anton Langer, Wagnermeister der hiesigen neuen Wagenfabric No 225 in der Vestung"; „laut Zeugenschaft von H. Jacobus Anderl und H. Philip Müllner" hielt sich Anton Langer (aus Preußen) bereits 15 Jahre in den Kronlanden auf.
7. Mérei Gyula: Magyar iparfejlödés 1790-1848, Budapest 1951, 66
8. Vaterländische Blätter für den Öst. Kaiserstaat 1820, S. 59-60
9. „Unter den Manufacturen [in Ofen]...... zeichnen sich die Wagenfabrik des Philipp Müller, in der Christinastadt, dann die Seidenzeug- und Florfabrik des Carl Rosconi... als die zwey einzigen Fabriken der Stadt, so vortheilhaft aus, dass sie... die Vergleichung mit den berühmtesten Anstalten ihrer Gattung in Wien wagen dürfen....Die Werkstätte der Wagner, Schmiede, Schlosser, Sattler, Lackirer u.d.m., in denen die Arbeiten in ihrem Zusammenhange, von der einfachen Schraube bis zum künstlichen Lack, verfertigt werden; die Güte und Dauerhaftigkeit, die Schönheit und der Geschmack der Producte, und endlich die lobenswerte Genauigkeit, mit welcher der Fabrik-Inhaber in der Auswahl des rohen Materiale, und der einzelnen Bestandtheile, zu Werke geht, erhalten das Unternehmen in jenem guten Ruf, in welchem es seit mehr als 30 Jahren besteht. Man muß staunen über die großen Holzvorräthe, die, theils halb, theils ganz verarbeitet, in abgetheilten Jahrgängen die Dachräume des im Viereck gebauten Fabrikhauses füllen, und aus denen jederzeit nur die frühern Jahr-Gänge benutzt, diese Abgänge aber durch den Ankauf neuer Holzgattungen fortwährend ersetzt werden. Die in dieser Fabrik verfertigten Wagen haben in ganz Ungern einen großen Ruf erlangt, den sie sich durch das bessere Verdienst der Dauerhaftigkeit erwarben. Eine Eigenschaft, die dem gewissenhaften Fleiss des Unternehmers Ehre macht, und im Fache des Luxus immer seltener vorkömmt. Wer daher nicht etwa die Grille hat, sein Geld deshalb nach Wien zu schicken, wird das kleine Opfer nicht scheuen, eine bekannte solide Arbeit auch besser zu bezahlen." (Schams, Franz: Vollständige Beschreibung der kgl. Freyen Haupt-Stadt Ofen in Ungern, Ofen 1822, 545-546)
10. Mérei Gyula: Magyar iparfejlödés 1790-1848, Budapest 1951, 66
11. Mérei Gyula: Magyar iparfejlödés 1790-1848, Budapest 1951, 210; vgl. auch Jordan Karoly-Koczianné Szentpeteri Erzsebet: „A Kölber-Kocsigyár Története", in: A Magyar Müszaki és közlekedési Múzeum évkönyve 3, 1974-1975, S. 213-236), 215, Fußnote 5; zum Bürgerrecht für Michael Schnapp: s. BFL: die Bürger von Pest und Buda.
12. Schmall, Lajos Adalékok. Budapest székes fövaros törtenetéhez, 2. Bd., Budapest 1899, 273 und 318
13. Vgl. hierzu auch H. Baum: Ignaz Semmelweis – Seine Mutter und ihre Vorfahren, Grin-Verlag, 2015.

## Quellen:

1. Zu Felner /Fellner:
- Stammbaum der Familie Felner von Feldeg (Internet)
- Volkszählung von 1715 und 1720 in Ungarn (MOL)
- Kirchenbücher von Pest (BFL und MOL)
- Bürgerrechtsbuch Pest (BFL)
- Protokolle der Ratssitzungen in Pest
- Testamente in Pest (BFL)
- Testamente in Pest (BFL)

2. Zu Kölber
- Kirchenbücher von Duttenheim, Offenau, Untergriesheim (Archiv Friedrichsthal)
- Kirchenbucher von Pest (BFL und MOL))
- Bürgerrechtsbuch Pest (BFL)
- Protokolle der Ratssitzungen in Pest
- Testamente in Pest (BFL)
- Weitere Dokumente (Archiv Friedrichsthal)

3. Zu Müller
- Kirchenbücher von Bensheim und Heppenheim
- Kirchenbücher von Buda (BFL und MOL))
- Bürgerrechtsbuch Buda (BFL)
- Protokolle der Ratssitzungen in Buda (BFL)
- Testamente in Buda (BFL)

Baum, Hermann: Ignaz Semmelweis – Seine Mutter und ihre Vorfahren, Grin-Verlag, 2015
Jordan Karoly-Koczianné Szentpeteri Erzsebet: „A Kölber-Kocsigyár Története", in: A Magyar Müszaki és
    közlekedési Múzeum évkönyve 3, 1974-1975, S. 213-236;
Kurtz, Vilmos: A Budapest-Ferencvárosi római kath. Plébánia templom. Pesti könyvnyomda, Budapest 1879
Mérei Gyula: Magyar iparfejlödés 1790-1848, Budapest 1951,
Schams, Franz: Vollständige Beschreibung der kgl. Freyen Haupt-Stadt Ofen in Ungern, Ofen 1822,
Schmall, Lajos Adalékok. Budapest székes fövaros törtenetéhez, 2. Bd., Budapest 1899

Röviditett szöveg forditása: Baum Alice

## Kocsi- és hintógyártók Pesten, Budán és Budapesten (1756 – 1928) Toldalékok a Felner, Müller és Kölber családok történetéhez

Családtörténetek mindég a helytörténeteknek is része. Esetenként elég nagy mértékben – ez a tény a Felner, Kölber és Müller családokra is vonatkozik, akik Pest, Buda és később Budapest gazdasági fejlödéséhez jelentös mértékben hozzájárultak. A következö rövid ismertetés egy kis adalék ahhoz, hogy ilyen módon megkapják azt a nagyrabecsülést, melyet megérdemelnek. Itt a súlypont a családok visszakövetése származási helyükre, a családfákban az eddig ismert de hiányos adatok kiegészitése magyarországi idejük alatt.
A három család rokonsági kapcsolatban állt egymással.


### 1. Felner (Fellner)

**Martin** Felner és Apollónia N. 1705 körül Kobersdorfban (Kabold), Sopronhoz közel, házasságot kötöttek. Ö az egyetlen Felner, aki 1715-ben Kobersdorfban a népszámlálási listán szerepel. Nem ismeretes, hogy Martin Felner milyen foglalkozást üzött. Ellenben nagy a valószinüsége annak, hogy kocsigyártó (bognár) volt. Fiai ezt a mesterséget tanulták – valószinüleg apjuknál.

**Lorenz**, talán a legidösebb, Visegrádra vándorolt ki.
**Joseph** Kobersdorfban maradt, ahol 1782-ben halt meg.
**Andreas**, aki 1721-ben született és valószinüleg a legfiatalabb a három fiú közül, 1750 után elhagyta Kobersdorf-ot. Kocsigyártó (bognár) mesterséget tanulta ki, elindult vándorútjára és Pesten kötött ki. Itt 1754 / 1755-ben feleségül vette Elisabeth Pestinyt (1732 – 1769 március 20), az 1754-ben elhalálozott Johannes Bayer fafeldolgozó mester (magister lignarius) özvegyét. Ez bizonyára egy gazdsági érdekházasság lehetett, mivel a kocsigyártáshoz fa is szükséges volt. 1756 december 7.-én Andreas Felner elnyerte Pest város polgárjogát. A házaspárnak tiz gyermeke született. Felesége halála után Andreas Felner 1769-ben másodszor is megnősült: Eva von Forstinger özv. Clobenstein (* 1723 Pest – +1798 április 9).
1791-ben Andreas Felner Józsefváros esküdtje volt. 1800-ban 79-évesen halt meg. Végrendelete fennmaradt.

1763-ban született Benedikt, aki később Pest város történelmében fontos szerepet játszott, többek között mint szenátor, városi kapitány (1813-1818), végülis mint konsul (polgármester).
1824 december 10.-én nemesi rangra emeltetett; három évvel később halt meg és a Belvárosi templom kriptájában temették el.
1766-ban született Anna Clara, aki 1786 augusztus 7.-én Casimirus Kölber nyeregmives (Duttenberg/Württenberg-böl) felesége lett (lsd. a táblázatot).

Joseph Felner fia, Joannes Felner (lsd fönt), egy másik kocsigyártó (bognármester), aki 1743 körül Kobersdorfban született, nagybátyját Andreas Felnert Pestre követte, ahol 1767-ben elnyerte a polgárjogot. Évtizedekkel később 1795-ben a katolikus egyházunk egy ferencvárosi telket ajándékozott többek között azzal a feltétellel, hogy arra egy templomot épitsenek. A templomépitést (1822) Benedikt Felner polgármester felügyelte. Az a templom az 1838-as dunai árvizi katasztrófa áldozata lett.
Ennek az adományozásnak rejtélye, hogy ebben az idöben, Pest-Belváros anyakönyvi kivonata szerint már más Felner nevezetü családok is éltek Pesten (erre a legkorábbi

bizonyiték egy keresztelés 1691-böl, és az ezt követö keresztelések 1714-1718 között). Ezek a Felnerek lehettek eredetileg az emlitett telek tulajdonosai. Valószinüleg ezek után kerülhetett örökösödés utján Joannes Felner birtokába, úgy hogy abból lehet kiindulni, hogy egyrészt a XVII.sz. vége és a XVIII.sz. eleje között a Pesten élö Felnerek, másrészt a XVIII.sz. közepétöl Kobersdorfból bevándorló Felnerek között rokonsági kapcsolatok voltak.

Egy generációval Andreas Felner után két fiatalember, körülbelül ugyanabban az idöben, indult vándorútra a Német Birodalomból (röviddel 1780 után). Céljuk Pest, illetve Buda. Casimir Kölber Duttenberg-böl (Württemberg) és Philipp Müller Bensheim-böl (Hessen). Mindketten a nyeregmives mesterséget tanulták ki és mindketten Pesten, illetve Budán mint kocsi- és hintógyárosok sikeresek lettek. Casimir Kölber egyik fia és Philipp Müller egyik lánya házasságot kötöttek.


## 2. Kölber (Kälber, Kelber)

A Kölber (Kälber, Kelber) család története messzemenöleg visszavezethetö. Az elsö ismert ös, Hans Kelber a pfalz-i Neckarburken (Jagstkreis, Württemberg) polgára. 1590 és 1600 között születhetett, söt talán még 1590 elött; házasságot Margaretha N.-el kötött.

Fia, Michael Kälber (1620/1625 között született, szintén Neckarburkenben), 1646 február 6.-án feleségül vette Maria Salome Müller-t, akit 1627 szeptember 12.-én kereszteltek Gundelsheimban. Apja, Hans Müller Offenheimben volt iskolaigazgató, anyja neve Barbara Ritter (akinek ösei a hechingen-i Német Lovagrend dokumentumai és Gundelsheim város adólajstromának adatai alapján kb. 1530-ig visszavezethetöek). Michael Kälber három lánya és három fia ismeretes, közöttük Mathäus.

Mathäus Kälber (született kb. 1655/60 között, valószinüleg Duttenbergben) 1686 február 24.-én feleségül vette Eva Maria Elisabeth Erasmus-t (akinek apja, Bartholomäus Erasmus, Weingarten-ben és Kürnbach-ban a Német Lovagrend prefektusa, felesége Anna N.).

Mathäus Kälber fia, Johann Georg Kälber 1688 március 21.-én született Duttenbergben és 1722 május 19.-én feleségül vette Barbara Hartmann-t, aki 1688 március 6.-án született és Untergriesheim-böl származik (szülei: Johann Hartmann és Anna Margareha Götz).

Johann Georg Kälber fia, Thomas Kälber 1723 december 19.-én született és 1748 február 26.-án feleségül vette Benedicte Gress-t (született: 1724 március 21.-én, szülei: Johann Michael Gress és Maria Catharina Streeb Binswagen-böl). Több gyermekük volt, közöttük Casimir és Thomas.

Casimir Kölber (1751-1802), az idösebbik fiú, aki 1780 körül Duttenberg-böl kivándorolt és Magyarországra jött. (Abban a nyomtatott kiadványban, melyben azok a felsorolt személyek szerepelnek, akik a pesti polgárjogot elnyerték, egyértelmüen helytelen és félrevezetö, hogy ö Turnberg-böl, ill. Dornberg-böl származna). Ö nyeregmives mester volt. 1784 május 1.-én elnyerte a pesti polgárjogot. 1786 augusztus 7.-én Clara Felner-t vette feleségül, Andreas Felner kocsigyártó lányát (lsd. fönt). Bizonyára átvette apósa mühelyét.

Fia, Jakob Kölber (1787-1843) – idöközben a Kälber névböl Kölber lett – aki szintén nyeregmives mester volt, a mühelyt kocsigyárrá alakitotta át. 1815 november 11.-én Karolina Müller-t vette feleségül, Philipp Müller lányát, annak a Philipp Müllernek, aki 30 évvel azelött Budán egy kocsigyárat alapitott.

Jakob Kölber két fia, Fülöp és Károly, apjuk gyárát tovább vezették és egy igen tekitélyes, sikeres gyárrá fejlesztették, akik többek között a fönemességet is ellátták árúikkal. Idővel az alkalmazottak száma több százra emelkedett a különböző szakmai ágakat képviselve; a gyár újjá lett szervezve és az akkori időhöz viszonyitva bámulatosan forradalmasitották a gyártási módszereket.

Philipp Kölber, a legidösebb fiú, 1788 július 8.-án személyére szóló nemességet kapott, úgymint saját családja részére.

Jakob Kölber lánya, Aloisia Kölber (1820-1902) 1845 augusztus 11.-én feleségül ment Johannes Kauserhez (A Kauser családból több épitész került ki, akik Budapest épitészettörténetében jelentős szerepet játszottak és nagyobb figyelmet érdemelnének. Az erre vonatkozó publikációk, különösen a korábbi évekből, hiányosak és helytelenek.)

Philipp Kölber két fia, Philipp jun. és Alajos továbbvezetik a kocsigyárat, de ekkor már a Kölber kocsigyár fénykora elmúlt. A két fivér túl későn észleli, hogy már nem a kocsi (ill. hintó), hanem az automobil a jövö közlekedés eszköze. A kocsigyártást végülis teljesen beszüntették. Egy kisérlet, a gyártást repülökre átállitani, sikertelen volt.

A Kölber-kocsik ma több európai múzeumban találhatóak.


## 3. Müller

A Müller család Bensheim-böl (Hessen) származik; ez igy áll a Budai Tanácsülési Jegyzökönyvben, ahol Philipp Müller polgárjogának beikatatása található. ( Az e melett közölt adat, mint származási hely „Beyhamio=Beikheim" Bajorországban lenne, egyértelmüen helytelen és félrevezetö. Sajnos hasonlóképpen katasztrófálisan rossz sok anyakönyvi adat Philipp Müller és családját illetöen, melyeket dr. Kapronczay Károly ismételten publikált; azt állitja pl., hogy Philipp Müller 1761-ben Kölnben született és hogy elsö feleségét, Theresia Anderl-t 1786 elött Bécsben vette feleségül, aki 1796-ban halt volna meg. Ezenkivül Theresia nevezetü lánya 1790-ben született és Bernát fia a harmadik házasságából származik. Ezek mind képzeletbeli adatok, komoly kutatási eredményekröl szó sem lehet.)

A család börfeldolgozó kézmüveséggel foglalkozott: Franciscus Müller a coriarius (timár vagy cipész) mesterséget üzi, fia Bernard, éppúgy mint unokája Philipp nyeregmives.

Philipp Müller (1760-1841) 1780-ban vándorolt ki, Budára ment, ahol a Krisztinavárosban 1786-ban egy „kiváltságos" (privilégium) kocsigyárat alapitott. 1791 október 31.-én elnyerte Buda város polgárjogát. A Müller-féle kocsikat bizonyára nagyon jól lehetett értékesiteni. Philipp Müller müszaki újitásokat vezetett be, melyek a jármüvek biztosnságát növelték. Nemsokára Pozsonyban nyitott egy leányvállalatot. Mivel Philipp Müller fia Bernat patikus lett és a kocsigyárat nyilvánvalóan nem akarta továbbvezetni, ezért 1838-ban eladta gyárát Michael Schnapp-nak, egy Poroszországól származó kocsigyárosnak. Gyermekei részére jelentös vagyont hagyott hátra.

1841-ben 80-éven felül halt meg a Krisztinavárosban.

Végrendelete (1831 július 30.) bizonyitja, hogy nemcsak egy jómódú, hanem Buda egy nagyrabecsült polgára is volt.

Philipp Müller legidösebb lánya Theresia, Joseph Semmelweis kereskedöhöz ment feleségül. Fia, Ignaz Semmelweis, az ö általa bevezetett higiénikus intézkedések alapján lett a világhirü „Anyák megmentöje".

Francisca lánya Nikolaus Koller-hez ment feleségül, aki egy nyeregmives családból – Heppenheim-böl – származott, Philipp Müller hazájából. Nicolaus Koller Bécsben akapitott egy később hiressé vált kocsigyárat. Philipp Kölber sen. a kiképzését többekközött ott, a nagybátyjánál végezte.

Egy másik lánya Karolina, Jakob Kölber kocsigyároshoz ment feleségül (lsd. fent).